"Computação Quântica: O Poder do Infinito em Suas Mãos".

Capítulo 1: Introdução à Computação Quântica

1.1 O que é computação quântica?
1.2 Diferenças entre computação clássica e quântica.
1.3 História e evolução da computação quântica.
1.4 Aplicações práticas e impacto no mercado.

Capítulo 2: Fundamentos da Mecânica Quântica

2.1 Superposição, emaranhamento e interferência.
2.2 Princípios básicos da mecânica quântica.
2.3 Experimentos históricos (experimento da dupla fenda, por exemplo).
2.4 Como a mecânica quântica impulsiona a computação.

Capítulo 3: Qubits e Operações Quânticas

3.1 O que são qubits e como funcionam?

3.2 Portas quânticas (Hadamard, Pauli-X, CNOT, entre outras).
3.3 Estados de qubits e a esfera de Bloch.
3.4 Operações matemáticas aplicadas a qubits.

Capítulo 4: Algoritmos Quânticos Básicos

4.1 Algoritmo de Grover para busca em bases de dados.
4.2 Algoritmo de Shor para fatoração de números primos.
4.3 Teletransporte quântico e correção de erros quânticos.
4.4 Casos de uso com algoritmos quânticos.

Capítulo 5: Hardware de Computação Quântica

5.1 Como são construídos os computadores quânticos?
5.2 Diferenças entre tecnologias: supercondutores, íons aprisionados, fotônica.
5.3 Empresas líderes no setor (IBM, Google, D-Wave).
5.4 Limitações e desafios tecnológicos.

Capítulo 6: Programação em Computação Quântica

6.1 Introdução a linguagens de programação quântica (Qiskit, Cirq).
6.2 Escrevendo o primeiro código quântico.
6.3 Simuladores quânticos disponíveis para aprendizado.
6.4 Exercícios práticos e desafios.

Capítulo 7: Aplicações Avançadas e o Futuro da Computação Quântica

7.1 Impacto no aprendizado de máquina e inteligência artificial.
7.2 Criptografia quântica e segurança digital.
7.3 Simulação de moléculas e desenvolvimento de novos medicamentos.
7.4 O futuro da computação quântica e tendências.

Diferenciais do Livro:

- **Exemplos Visuais:** Diagramas e ilustrações para facilitar a compreensão.

- **Exercícios Práticos:** Desafios para os leitores aplicarem o conhecimento.

- **Glossário Técnico:** Termos fundamentais explicados de forma clara.
- **Links Úteis:** Recursos adicionais para aprofundamento.

Capítulo 1: Introdução à Computação Quântica

Conteúdo Expandido:

- O conceito de informação em computação clássica e quântica.
- Principais diferenças: processamento linear vs. processamento paralelo.
- Empresas e inovações em computação quântica.
- Exemplos de problemas resolvidos mais eficientemente por computadores quânticos (como fatoração e otimização).

Exercício 1:

1. Pesquise e faça uma tabela comparando computadores quânticos e clássicos em termos de:

- Unidades de processamento (bits vs. qubits).
- Tipos de problemas que podem resolver.
- Escalabilidade.

Capítulo 2: Fundamentos da Mecânica Quântica

Conteúdo Expandido:

- Matriz de estados quânticos e operadores.
- Equação de Schrödinger aplicada à computação quântica.
- Efeitos da medição no estado de um qubit (colapso da função de onda).

Exercício 2:

2. Usando **Qiskit**, implemente um estado quântico simples e observe como ele colapsa ao ser medido.

Código Exemplo:

```
from qiskit import QuantumCircuit, Aer, execute
```

```python
# Criando um circuito com 1 qubit
qc = QuantumCircuit(1, 1)
qc.h(0)   # Aplicando a porta Hadamard para superposição
qc.measure(0, 0)   # Medindo o qubit

# Simulação
simulator = Aer.get_backend('qasm_simulator')
result = execute(qc, simulator, shots=1024).result()
counts = result.get_counts(qc)
print(counts)   # Mostra os resultados
```

Capítulo 3: Qubits e Operações Quânticas

Conteúdo Expandido:

- Representação matemática de qubits (vetores e matrizes).

- Portas quânticas: Hadamard, Pauli-X, Z, CNOT, entre outras.

- Construção de circuitos quânticos com portas combinadas.

Exercício 3:

3. Crie um circuito quântico com 2 qubits:

- Coloque o primeiro qubit em superposição.
- Aplique uma porta CNOT para emaranhar os dois qubits.
- Meça ambos os qubits e analise os resultados.

Capítulo 4: Algoritmos Quânticos Básicos

Conteúdo Expandido:

- Passo a passo do algoritmo de Grover e sua aplicação em busca.
- Implementação simples do algoritmo de Shor em simuladores.
- Casos de uso para teletransporte quântico e correção de erros.

Exercício 4:

4. Desenvolva um circuito para implementar o algoritmo de Grover e resolva o problema de busca em uma base de dados pequena.

Capítulo 5: Hardware de Computação Quântica

Conteúdo Expandido:

- Arquiteturas principais: supercondutores, íons aprisionados, fotônica quântica.
- Como funcionam os sistemas de criogenia para supercondutores.
- Desafios como decoerência e interferência ambiental.

Exercício 5:

5. Compare diferentes arquiteturas de hardware e escolha a mais promissora para os próximos 5 anos. Justifique sua escolha.

Capítulo 6: Programação em Computação Quântica

Conteúdo Expandido:

- Introdução a bibliotecas quânticas: Qiskit, Cirq, Forest.

- Como usar simuladores quânticos online (IBM Quantum Experience).
- Escrevendo circuitos quânticos para problemas reais.

Exercício 6:

6. Use o IBM Quantum Experience para criar um circuito quântico básico, execute-o e analise os resultados.

Capítulo 7: Aplicações Avançadas e o Futuro da Computação Quântica

Conteúdo Expandido:

- Explorando problemas de otimização com algoritmos quânticos.
- O papel da computação quântica em machine learning.
- Previsões de impacto na indústria e no mercado de trabalho.

Exercício 7:

7. Identifique um problema em sua área de interesse e elabore como ele poderia ser resolvido com um algoritmo quântico.

Capítulo 1: Introdução à Computação Quântica (Expansão)

Seção 1.1: O que é Computação Quântica?

- **Definição:** Computação quântica é o uso de fenômenos da mecânica quântica para processar informações de maneiras que computadores clássicos não conseguem.

- **Exemplo:** Enquanto um computador clássico testa uma solução por vez, um computador quântico pode explorar várias possibilidades simultaneamente graças à superposição.

Seção 1.2: Diferenças Entre Computação Clássica e Quântica

Aspecto	Computação Clássica	Computação Quântica
Unidade de Informação	Bit (0 ou 1)	Qubit (0, 1, ou ambos)
Operações	Sequencial	Paralelo (em superposição)
Problemas Resolvíveis	Determinístico	Probabilístico

Seção 1.3: História e Evolução da Computação Quântica

- **Década de 1980:** Richard Feynman sugere que computadores quânticos podem simular sistemas quânticos.

- **Década de 1990:** Peter Shor desenvolve o algoritmo de fatoração que ameaça a criptografia clássica.

- **Hoje:** Empresas como IBM, Google e startups estão desenvolvendo processadores quânticos com dezenas de qubits.

Seção 1.4: Aplicações Práticas e Impacto no Mercado

- **Criptografia:** Criação de sistemas invioláveis e quebra de chaves clássicas.

- **Logística:** Otimização de rotas e redes.

- **Ciências Moleculares:** Simulação de reações químicas para desenvolver novos medicamentos.

Exercício 1 - Expansão:

1. **Pesquise e faça uma tabela comparando computadores quânticos e clássicos em termos de:**
   - Velocidade de processamento.
   - Tipos de problemas resolvidos.
   - Limitações atuais.

2. **Tarefa Prática:**

   - Acesse o site **IBM Quantum Experience** e explore o ambiente de simulação.

   - Pesquise quantos qubits o maior computador quântico da IBM possui atualmente.

3. **Discussão:**

   - Por que a computação quântica ainda não é amplamente usada no mercado?

   - Liste três áreas em que a computação quântica pode superar a clássica.

Capítulo 2: Fundamentos da Mecânica Quântica (Expansão)

Seção 2.1: Princípios Básicos da Mecânica Quântica

- **Superposição:** Um sistema quântico pode estar em múltiplos estados ao mesmo tempo.

- **Emaranhamento:** Dois qubits podem estar conectados de maneira que o estado de um afeta diretamente o outro, mesmo a distância.

- **Medição:** A observação de um estado quântico faz com que ele colapse para um dos estados possíveis.

Seção 2.2: Representação Matemática de Qubits

- **Notação Bra-Ket:**

$|0\rangle = \begin{bmatrix} 1 \\ 0 \end{bmatrix}, \quad |1\rangle = \begin{bmatrix} 0 \\ 1 \end{bmatrix}$

- **Superposição:**

$|\psi\rangle = \alpha|0\rangle + \beta|1\rangle$

Onde $|\alpha|^2 + |\beta|^2 = 1$.

Exercício 2 - Expansão:

1. **Prática de Simulação:**

   - Usando Qiskit, implemente um estado quântico em superposição e meça-o várias vezes.
   - Observe a distribuição dos resultados.

Código Explicado:

```python
from qiskit import QuantumCircuit, Aer, execute

# Criando um circuito com 1 qubit
qc = QuantumCircuit(1, 1)
qc.h(0)  # Aplicando Hadamard para superposição
qc.measure(0, 0)  # Medindo o qubit
```

```python
# Simulação
simulator = Aer.get_backend('qasm_simulator')
result = execute(qc, simulator, shots=1024).result()
counts = result.get_counts(qc)
print(counts)  # Resultados de 1024 medições
```

2. **Análise:**

   - Explique por que os resultados |0⟩ e |1⟩ são distribuídos igualmente (50/50) após várias medições.

Capítulo 3: Qubits e Operações Quânticas (Expansão)

Seção 3.1: Portas Quânticas Básicas

- **Hadamard (H):** Cria superposição.
- **CNOT:** Cria emaranhamento entre dois qubits.
- **Pauli-X:** Equivalente a um NOT clássico.

Exercício 3 - Expansão:

1. **Construção de Circuitos:**

- Crie um circuito com 2 qubits:
    - Aplique Hadamard no primeiro qubit.
    - Aplique CNOT para emaranhar os qubits.
    - Meça ambos os qubits.

Código:

```
qc = QuantumCircuit(2, 2)
qc.h(0)    # Superposição no Qubit 0
qc.cx(0, 1)   # Emaranhamento entre Qubit 0 e 1
qc.measure([0, 1], [0, 1])

# Simulador
simulator = Aer.get_backend('qasm_simulator')
result = execute(qc, simulator, shots=1024).result()
counts = result.get_counts(qc)
print(counts)   # Análise dos resultados
```

2. **Discussão:**
    - O que os resultados indicam sobre o estado de emaranhamento?
    - Explique como isso pode ser usado em criptografia quântica.

Capítulo 4: Algoritmos Quânticos Básicos (Expansão)

Seção 4.1: Algoritmo de Grover para Busca

- **Objetivo:** Encontra um elemento em uma lista desordenada com $\sqrt{N}$ operações, em vez de N.

- **Como funciona:**
  - Inicializa os qubits em superposição.
  - Amplifica a probabilidade da solução correta.

Exercício 4.1 - Implementando o Algoritmo de Grover:

1. Resolva um problema onde deseja encontrar o índice de um elemento específico em uma lista de 4 itens.

Código Exemplo:

```python
from qiskit import QuantumCircuit, Aer, execute

# Algoritmo de Grover básico para 2 qubits
qc = QuantumCircuit(2, 2)
```

```
qc.h([0, 1])    # Superposição
qc.cz(0, 1)    # Marca a solução correta

qc.h([0, 1])    # Amplificação
qc.measure([0, 1], [0, 1])

simulator =
Aer.get_backend('qasm_simulator')
result = execute(qc, simulator,
shots=1024).result()
counts = result.get_counts(qc)
print(counts)
```

2. **Tarefa Prática:** Adapte o circuito para uma lista de 8 elementos (3 qubits).

Seção 4.2: Algoritmo de Shor para Fatoração

- **Objetivo:** Fatora grandes números em seus primos.
- **Exemplo de Uso:** Quebrar criptografia baseada em RSA.

Capítulo 5: Hardware de Computação Quântica (Expansão)

Seção 5.1: Tecnologias de Qubits

- **Supercondutores:** Alta estabilidade, usado por IBM e Google.
- **Íons Aprisionados:** Precisão elevada, mas mais lento.
- **Fotônica Quântica:** Potencial para redes de comunicação quântica.

Exercício 5.1:

1. Compare os sistemas quânticos existentes (IBM Quantum, Google Sycamore, D-Wave).
2. Crie um relatório avaliando:
   - Número de qubits.
   - Taxa de erro.
   - Aplicações práticas.

Seção 5.2: Desafios do Hardware Quântico

- Decoerência: Perda de informação devido ao ambiente.
- Escalabilidade: Construir computadores com mais qubits úteis.

Capítulo 6: Programação em Computação Quântica (Expansão)

Seção 6.1: Introdução ao Qiskit

- **O que é:** Um kit de desenvolvimento para criar e simular circuitos quânticos.

- **Configuração:** Instale com pip install qiskit.

Exercício 6.1 - Primeiro Circuito com Qiskit:

1. Crie um circuito básico:

- Superposição com Hadamard.

- Meça o resultado.

Código:

```python
from qiskit import QuantumCircuit, Aer, execute

qc = QuantumCircuit(1, 1)
qc.h(0)
qc.measure(0, 0)

simulator = Aer.get_backend('qasm_simulator')
result = execute(qc, simulator, shots=1024).result()
counts = result.get_counts(qc)
print(counts)
```

Seção 6.2: Simulação de Portas Quânticas

- Use simuladores para explorar circuitos antes de implementá-los em hardware real.

Capítulo 7: Aplicações Avançadas e o Futuro da Computação Quântica (Expansão)

Seção 7.1: Computação Quântica e IA

- **Exemplo:** Aceleração de algoritmos de aprendizado de máquina.

- **Aplicações:** Reconhecimento de padrões, otimização em larga escala.

Exercício 7.1:

1. Pesquise como a computação quântica pode ser usada para treinar modelos de aprendizado de máquina.

2. Projete um caso de uso específico em sua área de interesse.

Seção 7.2: Criptografia Quântica

- **Objetivo:** Criar sistemas invioláveis usando emaranhamento quântico.

Exercício 7.2:

1. Escreva um resumo explicando por que os métodos clássicos de criptografia podem se tornar obsoletos com a computação quântica.

Essa estrutura oferece um curso robusto e interativo, combinando teoria e prática.

Capítulo 1: Introdução à Computação Quântica

1.1 O que é Computação Quântica?

A computação quântica é uma revolução tecnológica que aproveita os princípios da mecânica quântica para processar informações de maneiras que os computadores clássicos não conseguem. Em vez de usar bits tradicionais, que podem estar em um estado de 0 ou 1, a computação quântica utiliza **qubits**, que podem existir em uma superposição de 0 e 1 ao mesmo tempo. Isso permite que computadores quânticos processem múltiplos cálculos simultaneamente, trazendo vantagens em problemas complexos.

Exemplo prático: Imagine tentar encontrar o caminho mais curto em um mapa com centenas de pontos. Um computador clássico precisaria testar cada rota uma a uma. Já um computador quântico pode avaliar várias possibilidades ao mesmo tempo, reduzindo drasticamente o tempo de processamento.

1.2 Diferenças Entre Computação Clássica e Quântica

A tabela abaixo destaca as principais diferenças entre os dois paradigmas:

Aspecto	Computação Clássica	Computação Quântica
Unidade de Informação	Bit (0 ou 1)	Qubit (0, 1 ou ambos simultaneamente)
Operações	Sequencial	Paralelo
Velocidade	Depende do número de operações	Exponencial para certos problemas
Problemas Resolvíveis	Tarefas algorítmicas determinísticas	Otimização, fatoração, simulação

Computadores quânticos não substituem os clássicos em todos os aspectos, mas complementam-nos em áreas específicas, como criptografia, simulação molecular e problemas de busca.

1.3 História e Evolução da Computação Quântica

A ideia de usar fenômenos quânticos para computação surgiu na década de 1980, quando o físico Richard Feynman sugeriu que computadores clássicos não eram adequados para simular sistemas quânticos. Desde então, marcos importantes moldaram a computação quântica:

- **1980:** Richard Feynman propõe a ideia de um computador quântico.

- **1994:** Peter Shor desenvolve um algoritmo quântico capaz de fatorar números grandes, ameaçando a segurança da criptografia RSA.

- **2019:** Google anuncia a "supremacia quântica" ao resolver um problema específico mais rápido do que qualquer supercomputador clássico.

Hoje, empresas como IBM, Google, Microsoft e startups lideram a corrida para criar processadores quânticos com aplicações práticas.

1.4 Aplicações Práticas e Impacto no Mercado

A computação quântica tem potencial para transformar diversas indústrias. Alguns exemplos incluem:

1. **Criptografia:** A criação de chaves quânticas invioláveis e a quebra de sistemas clássicos como RSA.

2. **Logística e Transporte:** Solução de problemas de roteamento e otimização de redes.

3. **Ciências Moleculares:** Simulação de reações químicas e desenvolvimento de medicamentos.

4. **Inteligência Artificial:** Aceleração de algoritmos de aprendizado de máquina e otimização.

Empresas que adotarem essa tecnologia terão vantagens competitivas em inovação e eficiência.

Exercícios Relacionados ao Capítulo 1

Exercício 1.1: Comparação de Computadores Clássicos e Quânticos

1. Pesquise e preencha a tabela abaixo com as diferenças entre os dois paradigmas:

    - Velocidade de processamento.
    - Tipos de problemas resolvidos.
    - Limitações tecnológicas atuais.

Aspecto	Computação Clássica	Computação Quântica
Velocidade		
Tipos de Problemas		
Limitações		

2. Discuta com seus colegas: Qual área do mercado você acredita que será a mais impactada pela computação quântica nos próximos 10 anos?

Exercício 1.2: Explorando o Ambiente IBM Quantum

1. Acesse o site **IBM Quantum Experience** e registre-se para explorar o simulador quântico.

2. Identifique:

- Quantos qubits o maior computador quântico da IBM possui atualmente?

- Quantos qubits foram usados no experimento de supremacia quântica do Google?

Exercício 1.3: Análise de Aplicações Práticas

1. Escolha uma das áreas abaixo e escreva um resumo (100-200 palavras) explicando como a computação quântica pode impactá-la:

- Medicina.

- Segurança da Informação.

- Transporte.

Próximo Passo

Se esta estrutura atende às suas expectativas, seguirei detalhando o **Capítulo 2: Fundamentos da Mecânica Quântica**, adicionando exercícios e códigos práticos.

Capítulo 2: Fundamentos da Mecânica Quântica

2.1 O Mundo Quântico: Princípios Básicos

A mecânica quântica é a base teórica da computação quântica. Ela descreve como partículas subatômicas, como elétrons e fótons, se comportam. Alguns princípios fundamentais incluem:

1. **Superposição:**

   - No mundo clássico, uma moeda está em cara ou coroa. No mundo quântico, pode estar em ambos os estados simultaneamente.

   - Na computação quântica, isso significa que um qubit pode ser $|0\rangle$, $|1\rangle$, ou uma combinação linear de ambos:

$$|\psi\rangle = \alpha|0\rangle + \beta|1\rangle, \text{ onde } |\alpha|^2 + |\beta|^2 = 1.$$

2. **Emaranhamento:**

   - Quando duas partículas estão emaranhadas, o estado de uma depende diretamente do estado da outra, mesmo que estejam separadas por grandes distâncias.

- Isso é essencial para a computação quântica, permitindo conexões rápidas entre qubits.

3. **Colapso da Função de Onda:**

- Quando você mede um qubit, ele colapsa para $|0\rangle$ ou $|1\rangle$, dependendo das probabilidades.

2.2 Representação Matemática e Notação Bra-Ket

Na computação quântica, usamos a notação Bra-Ket para descrever estados quânticos:

- **Ket** ($|\psi\rangle$)**:** Representa o estado de um sistema. Por exemplo, $|0\rangle$ e $|1\rangle$ são os estados básicos de um qubit.

- **Bra** ($\langle\psi|$)**:** O conjugado transposto do Ket.

Exemplo:
Para um estado $|\psi\rangle = \alpha|0\rangle + \beta|1\rangle$, a probabilidade de medir $|0\rangle$ é $|\alpha|^2$, e a de medir $|1\rangle$ é $|\beta|^2$.

2.3 Operações e Portas Quânticas

As operações em qubits são realizadas usando **portas quânticas**, que são representadas por matrizes unitárias.

1. **Porta Hadamard (H):**

   - Coloca um qubit em superposição.

   - Matriz:

$$H = \frac{1}{\sqrt{2}} \begin{bmatrix} 1 & 1 \\ 1 & -1 \end{bmatrix}$$

2. **Porta Pauli-X (NOT):**

   - Inverte o estado de um qubit.

   - Matriz:

$$X = \begin{bmatrix} 0 & 1 \\ 1 & 0 \end{bmatrix}$$

3. **Porta CNOT (Controlada-NOT):**

   - Inverte um qubit alvo dependendo do estado de controle.

   - Usada no emaranhamento.

2.4 Medição Quântica

A medição converte estados quânticos em estados clássicos. Se um qubit estiver em $|\psi\rangle = \alpha|0\rangle + \beta|1\rangle$, ao medir:

- A probabilidade de obter $|0\rangle$ é $|\alpha|^2$.

- A probabilidade de obter $|1\rangle$ é $|\beta|^2$.

Exemplo Prático com Qiskit:

```
from qiskit import QuantumCircuit, Aer, execute

# Criação de um qubit em superposição
qc = QuantumCircuit(1, 1)
qc.h(0)   # Porta Hadamard
qc.measure(0, 0)

# Simulação
simulator = Aer.get_backend('qasm_simulator')
result = execute(qc, simulator, shots=1024).result()
counts = result.get_counts(qc)
print(counts)
```

Exercícios Relacionados ao Capítulo 2

Exercício 2.1: Criando e Medindo Superposição

1. Usando Qiskit, crie um circuito que coloque dois qubits em superposição.

2. Meça ambos os qubits e registre os resultados.

Exercício 2.2: Experimentando com Portas Quânticas

1. Implemente um circuito que:

- Use uma Porta Pauli-X para inverter um qubit.

- Aplique uma Porta Hadamard para criar superposição.

2. Meça o estado final do qubit.

Código Inicial:

```
from qiskit import QuantumCircuit, Aer, execute

qc = QuantumCircuit(1, 1)
qc.x(0)   # Porta NOT
qc.h(0)   # Porta Hadamard
qc.measure(0, 0)
```

```python
simulator = Aer.get_backend('qasm_simulator')
result = execute(qc, simulator, shots=1024).result()
counts = result.get_counts(qc)
print(counts)
```

Exercício 2.3: Emaranhamento com Portas CNOT

1. Crie um circuito com dois qubits:

    • Coloque o primeiro em superposição com a Porta Hadamard.

    • Emaranhe-o com o segundo usando a Porta CNOT.

2. Meça ambos os qubits e registre os resultados.

Código Inicial:

```python
from qiskit import QuantumCircuit, Aer, execute

qc = QuantumCircuit(2, 2)
qc.h(0)      # Superposição
qc.cx(0, 1)  # Porta CNOT
qc.measure([0, 1], [0, 1])

simulator = Aer.get_backend('qasm_simulator')
result = execute(qc, simulator, shots=1024).result()
```

```
counts = result.get_counts(qc)
print(counts)
```

Capítulo 3: Qubits e Sistemas de Estados Quânticos

3.1 O Conceito de Qubit

Os qubits são a unidade básica de informação na computação quântica, análoga aos bits na computação clássica. No entanto, diferentemente de bits, que assumem valores 0 ou 1, qubits podem estar em estados de **superposição**, descritos pela combinação linear:

$$|\psi\rangle = \alpha|0\rangle + \beta|1\rangle,$$

onde α e β são números complexos, e $|\alpha|^2 + |\beta|^2 = 1$ garante que a probabilidade total seja 100%.

Representação Física

Qubits podem ser implementados fisicamente em diversos sistemas, como:

1. **Fótons (Luz):** Polarização horizontal e vertical.

2. **Elétrons:** Spin para cima ou para baixo.

3. **Átomos Frios:** Estados energéticos do átomo.

3.2 O Esfera de Bloch: Visualizando Estados Quânticos

A Esfera de Bloch é uma representação visual útil para entender os estados de um qubit.

- **Polo Norte:** Representa $|0\rangle$.
- **Polo Sul:** Representa $|1\rangle$.
- **Qualquer outro ponto:** Representa um estado em superposição, definido pelos ângulos θ e ϕ:

$$|\psi\rangle = \cos\left(\frac{\theta}{2}\right)|0\rangle + e^{i\phi}\sin\left(\frac{\theta}{2}\right)|1\rangle.$$

Interpretação:

- A amplitude da superposição é controlada por θ.
- A fase relativa entre $|0\rangle$ e $|1\rangle$ é determinada por ϕ.

1. Usando Qiskit, crie um estado quântico que esteja a 45° do eixo $|0\rangle$.

2. Use um simulador para visualizar o estado na Esfera de Bloch.

Exercício 3.2: Manipulação de Fases

1. Crie um circuito que aplique uma fase relativa de 90° ($\frac{\pi}{2}$) a um qubit usando a Porta Phase.

2. Meça o estado resultante e explique a diferença observada.

Exercício 3.3: Construindo Estados de Bell

1. Crie um circuito para produzir o estado $|\psi^-\rangle = \frac{1}{\sqrt{2}}(|01\rangle - |10\rangle)$.

2. Verifique o estado medido após várias execuções.

Capítulo 4: Portas Lógicas Quânticas e Algoritmos Básicos

4.1 Portas Lógicas Quânticas: O Básico

As portas quânticas operam sobre qubits, alterando seus estados por meio de transformações unitárias. Assim como portas lógicas clássicas, são usadas para realizar operações computacionais, mas em um espaço de superposição.

Portas de um Qubit

1. **Porta Hadamard (H):**

Coloca um qubit em superposição.

- Matriz:

$$H = \frac{1}{\sqrt{2}} \begin{bmatrix} 1 & 1 \\ 1 & -1 \end{bmatrix}$$

- Ação:
  - $H|0\rangle = \frac{1}{\sqrt{2}}(|0\rangle + |1\rangle)$.
  - $H|1\rangle = \frac{1}{\sqrt{2}}(|0\rangle - |1\rangle)$.

2. **Porta Pauli-X (NOT):**

Inverte o estado de um qubit, semelhante a um "NOT" clássico.

- Matriz:

$$X = \begin{bmatrix} 0 & 1 \\ 1 & 0 \end{bmatrix}$$

\end{bmatrix}

3. Porta Pauli-Z:

Adiciona uma fase negativa ao estado $|1\rangle$.

- Matriz:

Z =
\begin{bmatrix}
1 & 0 \\
0 & -1
\end{bmatrix}

Portas de Múltiplos Qubits

1. Porta CNOT (Controlada-NOT):

- Inverte o qubit alvo somente se o qubit de controle estiver em $|1\rangle$.

- Matriz:

\text{CNOT} =
\begin{bmatrix}
1 & 0 & 0 & 0 \\
0 & 1 & 0 & 0 \\
0 & 0 & 0 & 1 \\
0 & 0 & 1 & 0
\end{bmatrix}

2. Porta Toffoli (CCNOT):

- Inverte um qubit alvo somente se dois qubits de controle estiverem em $|1\rangle$.

- Essencial para computação quântica reversível.

4.2 Algoritmos Básicos em Computação Quântica

4.2.1 Algoritmo de Deutsch

O algoritmo de Deutsch demonstra o poder da superposição. Ele resolve o problema de determinar se uma função $f(x)$ é constante ou balanceada com apenas uma consulta.

1. **Configuração Inicial:**

    - Dois qubits: $|x\rangle$ (entrada) e $|y\rangle$ (saída).

    - O estado inicial é $|0\rangle|1\rangle$.

2. **Passos do Algoritmo:**

    - Aplique Hadamard ao primeiro e segundo qubits.

    - Use uma operação U_f para aplicar $f(x)$.

    - Meça o qubit de entrada.

3. **Implementação com Qiskit:**

```python
from qiskit import QuantumCircuit, Aer, execute

# Criando o circuito
qc = QuantumCircuit(2, 1)
qc.h(0)    # Superposição no primeiro qubit
qc.h(1)    # Superposição no segundo qubit
qc.cx(0, 1)   # Operação U_f para uma função balanceada
qc.h(0)    # Hadamard novamente no primeiro qubit
qc.measure(0, 0)

# Simulação
simulator = Aer.get_backend('qasm_simulator')
result = execute(qc, simulator, shots=1024).result()
counts = result.get_counts(qc)
print(counts)
```

4.2.2 Algoritmo de Grover

Usado para busca em bases de dados não ordenadas, oferecendo uma vantagem quadrática sobre algoritmos clássicos.

1. **Configuração Inicial:**

    - Um registrador de n qubits em superposição.

    - Um oráculo que marca a solução.

2. **Passos do Algoritmo:**

   - Aplique Hadamard para criar superposição.
   - Use o oráculo para marcar a solução.
   - Aplique o operador de difusão para amplificar a probabilidade da solução.

3. **Implementação Simples com Qiskit:**

```python
from qiskit import QuantumCircuit, Aer, execute

# Circuito com 3 qubits
qc = QuantumCircuit(3, 3)
qc.h([0, 1, 2])   # Superposição
# Oráculo simplificado
qc.cz(0, 2)   # Marcando a solução
qc.h([0, 1, 2])   # Operador de difusão

qc.measure([0, 1, 2], [0, 1, 2])

# Simulação
result = execute(qc, simulator, shots=1024).result()
counts = result.get_counts(qc)
print(counts)
```

Exercícios Relacionados ao Capítulo 4

Exercício 4.1: Aplicando Portas Básicas

1. Crie um circuito com três qubits.

2. Aplique uma sequência de portas: Hadamard no primeiro qubit, CNOT no segundo, e Pauli-Z no terceiro.

3. Meça todos os qubits.

Exercício 4.2: Funções Balanceadas vs. Constantes

1. Implemente o algoritmo de Deutsch para verificar uma função constante.

2. Repita o exercício para uma função balanceada.

Exercício 4.3: Simulando Grover para 2 Qubits

1. Use Qiskit para implementar o algoritmo de Grover para uma base de dados com quatro elementos.

2. Certifique-se de que o oráculo marca corretamente o estado desejado.

Capítulo 5: Medição e Probabilidades Quânticas

5.1 A Natureza Probabilística da Medição

A medição em sistemas quânticos é uma das diferenças mais marcantes entre a computação quântica e a clássica. Antes de medir um qubit, ele está em um estado de superposição. Após a medição, o estado colapsa para $|0\rangle$ ou $|1\rangle$, com probabilidades determinadas pelos coeficientes α e β.

Se um qubit está no estado:

$$|\psi\rangle = \alpha|0\rangle + \beta|1\rangle,$$

as probabilidades de medição são:

- $P(0) = |\alpha|^2$,
- $P(1) = |\beta|^2$.

Importante:
Após a medição, o estado do qubit se redefine de acordo com o resultado observado. Por exemplo:

- Se o resultado foi 0, o estado final será $|0\rangle$.
- Se foi 1, será $|1\rangle$.

Simulação em Qiskit:

```python
from qiskit import QuantumCircuit, Aer, execute

# Circuito para medir probabilidades
qc = QuantumCircuit(1, 1)
qc.h(0)  # Porta Hadamard coloca o qubit em superposição
qc.measure(0, 0)

# Simulação
simulator = Aer.get_backend('qasm_simulator')
result = execute(qc, simulator, shots=1024).result()
counts = result.get_counts(qc)
print("Resultados da Medição:", counts)
```

5.2 Medição em Sistemas de Múltiplos Qubits

Ao medir sistemas com vários qubits, o colapso do estado ocorre para toda a configuração. Para um sistema de 2 qubits:

$$|\psi\rangle = \alpha|00\rangle + \beta|01\rangle + \gamma|10\rangle + \delta|11\rangle,$$

as probabilidades são:

- $P(00) = |\alpha|^2$,

- $P(01) = |\beta|^2$,

- $P(10) = |\gamma|^2$,

- P(11) = |\delta|^2.

Exemplo com Qiskit:

```
qc = QuantumCircuit(2, 2)
qc.h(0)   # Superposição no primeiro qubit
qc.cx(0, 1)   # Emaranhamento com o segundo qubit
qc.measure([0, 1], [0, 1])

result = execute(qc, simulator, shots=1024).result()
counts = result.get_counts(qc)
print("Resultados da Medição de 2 Qubits:", counts)
```

5.3 Mudança de Bases e Medições Personalizadas

Em vez de medir diretamente nos estados |0\rangle e |1\rangle, podemos medir em outras bases, como a base de Hadamard (|+\rangle e |-\rangle):

|+\rangle = \frac{1}{\sqrt{2}}(|0\rangle + |1\rangle), \quad |-\rangle = \frac{1}{\sqrt{2}}(|0\rangle - |1\rangle).

Simulação de Medições em Outra Base:

```
qc = QuantumCircuit(1, 1)
qc.h(0)   # Superposição
```

```
qc.h(0)    # Medição na base Hadamard
qc.measure(0, 0)

result = execute(qc, simulator,
shots=1024).result()
counts = result.get_counts(qc)
print("Resultados na Base Hadamard:",
counts)
```

5.4 Efeitos da Medição em Algoritmos

A medição é essencial para extrair informações após a execução de um algoritmo. Por exemplo:

- No algoritmo de Deutsch, mede-se o qubit de entrada para determinar se a função é constante ou balanceada.

- No algoritmo de Grover, mede-se os qubits para encontrar o item desejado.

Medindo Após um Algoritmo:

Adicione as operações de medição ao final de qualquer circuito para capturar os resultados. A precisão aumenta com o número de execuções (shots).

Exercícios Relacionados ao Capítulo 5

Exercício 5.1: Medindo Superposição

1. Crie um circuito com um qubit em superposição usando a Porta Hadamard.

2. Meça o estado 1024 vezes e registre as probabilidades.

3. Compare os resultados com as previsões teóricas.

Exercício 5.2: Medição em Sistemas de Dois Qubits

1. Crie um circuito com dois qubits em estado de emaranhamento.

2. Meça o estado de ambos e registre os resultados.

3. Verifique a correlação entre os resultados.

Exercício 5.3: Exploração de Bases Alternativas

1. Crie um circuito que coloque um qubit no estado $|+\rangle$.

2. Meça o estado na base padrão ($|0\rangle$ e $|1\rangle$) e registre os resultados.

3. Repita a medição na base Hadamard. Explique as diferenças.

Exercício 5.4: Ajustando Probabilidades

1. Crie um estado quântico onde o qubit tem 75% de chance de estar em $|0\rangle$ e 25% de chance de estar em $|1\rangle$.

2. Meça o estado 1024 vezes e registre as probabilidades experimentais.

Capítulo 6: Emaranhamento Quântico e Teletransporte

6.1 O Que é Emaranhamento Quântico?

O emaranhamento quântico é um fenômeno em que os estados de dois ou mais qubits se tornam interdependentes, mesmo quando separados por grandes distâncias. Quando qubits estão emaranhados, a medição de um afeta instantaneamente o estado do outro, independentemente da distância entre eles.

Um estado emaranhado pode ser representado como:

$$|\Psi\rangle = \frac{1}{\sqrt{2}}(|00\rangle + |11\rangle),$$

onde ambos os qubits são dependentes: se medirmos um, saberemos o estado do outro imediatamente. Este é um exemplo do **estado de Bell**. Existem outros estados de Bell, mas todos apresentam essa propriedade de entrelaçamento.

Emaranhamento em Qiskit:

```
from qiskit import QuantumCircuit, Aer, execute

# Criando um circuito de emaranhamento
qc = QuantumCircuit(2, 2)
qc.h(0)   # Superposição no primeiro qubit
qc.cx(0, 1)   # Emaranhamento entre os dois qubits
qc.measure([0, 1], [0, 1])

# Simulação
simulator = Aer.get_backend('qasm_simulator')
result = execute(qc, simulator, shots=1024).result()
counts = result.get_counts(qc)
print("Emaranhamento - Resultados:", counts)
```

6.2 Teletransporte Quântico

O teletransporte quântico é um protocolo que usa emaranhamento para transmitir o estado de um qubit de um lugar a outro, sem que o qubit em si se mova fisicamente. O processo envolve três etapas principais:

1. **Preparação do Estado Inicial:**
O estado que será teletransportado é preparado e um par de qubits emaranhados é compartilhado entre o emissor (Alice) e o receptor (Bob).

2. **Medição Bell:**
Alice mede o estado de seu qubit e envia a informação clássica para Bob.

3. **Correção no Receptor:**
Bob usa a informação recebida para aplicar uma operação (como uma porta Pauli-X ou Pauli-Z) para recuperar o estado original.

Algoritmo de Teletransporte em Qiskit:

```
from qiskit import QuantumCircuit, Aer, execute

# Circuito de teletransporte quântico
qc = QuantumCircuit(3, 3)

# Alice cria um estado de superposição
qc.h(0)
qc.cx(0, 1)

# Bob e Alice realizam a medição de Bell
qc.cx(1, 2)
qc.h(1)
```

```python
# Alice envia a informação clássica
para Bob
qc.measure([0, 1], [0, 1])
qc.measure(2, 2)

# Simulação
simulator = Aer.get_backend('qasm_simulator')
result = execute(qc, simulator, shots=1024).result()
counts = result.get_counts(qc)
print("Resultados do Teletransporte Quântico:", counts)
```

6.3 Aplicações do Emaranhamento Quântico

O emaranhamento é a base de muitos protocolos quânticos, incluindo:

- **Criptografia Quântica (QKD):** O emaranhamento é usado para garantir a segurança das comunicações.

- **Computação Quântica:** Algoritmos como Grover e Shor aproveitam o emaranhamento para realizar tarefas de maneira mais eficiente do que os computadores clássicos.

O emaranhamento também está relacionado a conceitos de **não-localidade**, que desafiam a física clássica, mostrando que informações podem ser correlacionadas de maneira que não pode ser explicada por sinais clássicos.

Exercícios Relacionados ao Capítulo 6

Exercício 6.1: Criando um Estado de Bell

1. Crie um circuito com dois qubits em um estado de Bell.
2. Meça os dois qubits e verifique se há correlação entre as medições.
3. Explique como a medição de um qubit afeta o estado do outro.

Exercício 6.2: Teletransporte de um Qubit

1. Crie um circuito para teletransportar um qubit usando o protocolo descrito.
2. Meça o estado após a correção de Bob e compare com o estado original.
3. Teste o teletransporte com diferentes estados quânticos.

Exercício 6.3: Aplicando Emaranhamento em Algoritmos

1. Crie um circuito que utilize o emaranhamento para acelerar a busca em uma base de dados.

2. Compare a eficiência com a versão clássica de busca.

Exercício 6.4: Exploração de Emaranhamento em Sistemas Maiores

1. Crie um sistema de três qubits emaranhados.

2. Meça os qubits e analise a distribuição de probabilidades.

3. Investigue como o número de qubits emaranhados afeta os resultados.

Capítulo 7: Algoritmos Quânticos - De Grover a Shor

7.1 Algoritmo de Grover

O algoritmo de Grover é um dos algoritmos quânticos mais conhecidos, projetado para realizar buscas em bancos de dados não estruturados de maneira mais eficiente do que os algoritmos clássicos.
Na versão clássica, uma busca em um banco de dados com N elementos exigiria, no pior

caso, N operações. Grover, por outro lado, consegue encontrar o item desejado em aproximadamente \sqrt{N} operações.

O algoritmo funciona com três etapas principais:

> 1. **Preparação do Estado Inicial:** Coloca os qubits em superposição.
>
> 2. **Operador de Grover (Amplificação de Probabilidade):** Aplique a operação que amplifica a probabilidade de encontrar o item desejado.
>
> 3. **Medição:** Realize a medição após várias iterações do operador de Grover.

Algoritmo de Grover em Qiskit:

```python
from qiskit import QuantumCircuit, Aer, execute

# Criando um circuito de Grover com 2 qubits
qc = QuantumCircuit(2, 2)
qc.h([0, 1])  # Coloca os qubits em superposição
qc.x(1)  # Coloca o segundo qubit em
|1> (item a ser buscado)

# Operador de Grover: inverte a fase do estado correto
qc.cz(0, 1)  # Fase invertida
```

```python
# Amplificação de probabilidade
qc.h([0, 1])   # Reaplica Hadamard
qc.x([0, 1])   # Inverte os estados
qc.h(0)   # Aplica Hadamard novamente
qc.measure([0, 1], [0, 1])

# Simulação
simulator = Aer.get_backend('qasm_simulator')
result = execute(qc, simulator, shots=1024).result()
counts = result.get_counts(qc)
print("Resultados do Algoritmo de Grover:", counts)
```

7.2 Algoritmo de Shor

O algoritmo de Shor é um algoritmo quântico que resolve o problema da fatoração de números inteiros em tempo polinomial, algo que é extremamente difícil para computadores clássicos. Este algoritmo é importante para a segurança de criptografia, como o RSA, que depende da dificuldade de fatorar números grandes.

O algoritmo de Shor possui duas fases principais:

1. **Redução do Problema para um Problema de Período:** Transformar a

fatoração em um problema de encontrar o período de uma função matemática.

2. **Uso de Quantum Fourier Transform (QFT):** O QFT é usado para encontrar esse período de forma eficiente.

Implementação do Algoritmo de Shor em Qiskit:

O algoritmo de Shor é mais complexo, e a implementação completa pode exigir simulação de grandes números. Aqui está um exemplo básico de como o algoritmo é configurado:

```python
from qiskit import Aer
from qiskit.aqua.algorithms import Shor
from qiskit.aqua import QuantumInstance

# Defina o número que deseja fatorar
N = 15  # Exemplo: fatoração de 15

# Configuração do algoritmo de Shor
shor = Shor(N)
backend = Aer.get_backend('qasm_simulator')
quantum_instance = QuantumInstance(backend)
result = shor.run(quantum_instance)

print("Fatores encontrados:", result['factors'])
```

7.3 Outros Algoritmos Quânticos Importantes

Além de Grover e Shor, existem outros algoritmos quânticos relevantes, como:

- **Algoritmo de Deutsch-Jozsa:** Resolva problemas de decisão determinística com uma única avaliação de função.

- **Algoritmo de Simon:** Resolva problemas de periodização com uma vantagem exponencial.

- **Algoritmo de HHL:** Resolva sistemas de equações lineares exponencialmente mais rápido do que os métodos clássicos.

Exercícios Relacionados ao Capítulo 7

Exercício 7.1: Implementando o Algoritmo de Grover

1. Crie um circuito com 3 qubits e use o algoritmo de Grover para buscar um item em um banco de dados de 8 elementos.

2. Meça as probabilidades de encontrar o item desejado após várias iterações do operador de Grover.

3. Verifique a melhoria no número de operações comparado a uma busca clássica.

Exercício 7.2: Fatorando com o Algoritmo de Shor

1. Use o algoritmo de Shor para fatorar o número 21.

2. Execute a simulação em Qiskit e verifique se os fatores são corretos.

3. Tente aumentar o número para testar a escalabilidade do algoritmo.

Exercício 7.3: Algoritmo de Deutsch-Jozsa

1. Implemente o algoritmo de Deutsch-Jozsa para identificar uma função constante ou balanceada com 2 qubits.

2. Verifique o número de avaliações de função necessárias.

Exercício 7.4: Explorando o Quantum Fourier Transform (QFT)

1. Crie um circuito para calcular o Quantum Fourier Transform em um estado quântico simples.

2. Aplique QFT em um número binário e verifique os resultados.

3. Tente simular o QFT com 4 qubits e verifique a precisão da transformação.

Capítulo 8: Computação Quântica em Aplicações Reais

8.1 Computação Quântica e Otimização

A computação quântica tem o potencial de revolucionar a área de otimização. Muitos problemas do mundo real, como roteamento de veículos, alocação de recursos e otimização de portfólios financeiros, envolvem um grande número de variáveis e soluções possíveis. Para computadores clássicos, esses problemas podem ser intratáveis devido ao grande espaço de soluções, mas a computação quântica pode resolver esses problemas de forma exponencialmente mais eficiente.

O **Algoritmo de Optimização Quântica Variacional** (VQE) é um exemplo de como os algoritmos quânticos podem ser usados para otimizar problemas. Ele utiliza uma combinação de qubits e um modelo clássico para encontrar a melhor solução possível em um espaço de soluções altamente complexo.

Exemplo de VQE em Qiskit:

```python
from qiskit import Aer
from qiskit.aqua.algorithms import VQE
from qiskit.aqua.components.optimizers import COBYLA
from qiskit.aqua.operators import Z, X
from qiskit.aqua import QuantumInstance

# Definindo o problema de otimização
operator = (Z ^ X)  # Operador de custo simples
optimizer = COBYLA()

# Configurando a instância quântica
vqe = VQE(operator, optimizer)
quantum_instance = QuantumInstance(Aer.get_backend('statevector_simulator'))

# Executando a otimização
result = vqe.run(quantum_instance)
print("Resultado da otimização:", result['eigvals'])
```

8.2 Computação Quântica e Criptografia

A computação quântica tem um impacto significativo na segurança da informação, principalmente na área de criptografia. Muitos algoritmos de criptografia clássica, como o RSA e o AES, são baseados na dificuldade de resolver certos problemas matemáticos, como a fatoração de grandes números. Com a computação quântica, algoritmos como o **Algoritmo de Shor** podem quebrar esses sistemas de criptografia de maneira eficiente, o que levanta a necessidade de novos métodos de criptografia seguros, chamados **criptografia pós-quântica**.

A **criptografia quântica** também está sendo desenvolvida, usando os princípios de emaranhamento quântico e as leis da mecânica quântica para criar sistemas imunes a ataques de computadores quânticos.

Exemplo de Criptografia Quântica:

```
from qiskit import QuantumCircuit, Aer, execute

# Criando uma chave quântica usando um circuito de emaranhamento
qc = QuantumCircuit(2, 2)
qc.h(0)
```

```
qc.cx(0, 1)
qc.measure([0, 1], [0, 1])

# Simulação
simulator = Aer.get_backend('qasm_simulator')
result = execute(qc, simulator, shots=1024).result()
counts = result.get_counts(qc)
print("Chave quântica gerada:", counts)
```

8.3 Computação Quântica em Inteligência Artificial

A computação quântica também pode acelerar o treinamento de modelos de aprendizado de máquina, como redes neurais. O **QML (Quantum Machine Learning)** combina as capacidades da computação quântica com os algoritmos de aprendizado de máquina para criar modelos mais eficientes. A ideia central é que a computação quântica pode explorar superposição e emaranhamento para processar grandes quantidades de dados de forma mais eficiente do que os computadores clássicos.

Por exemplo, o **Algoritmo de Classificação Quântica** pode ser usado para classificar dados em grandes conjuntos de dados mais rapidamente, aproveitando os estados quânticos para realizar cálculos em paralelo.

Exemplo de Classificação Quântica:

```python
from qiskit import Aer
from qiskit.aqua.algorithms import QSVM
from qiskit.aqua.operators import Z, X
from qiskit.aqua import QuantumInstance

# Definindo um problema simples de classificação
training_data = {'input': [[1, 0], [0, 1]], 'output': [1, 0]}
quantum_instance = QuantumInstance(Aer.get_backend('statevector_simulator'))

# Criando o classificador quântico
qs = QSVM(training_data)
result = qs.run(quantum_instance)
print("Resultado da classificação:", result['testing_accuracy'])
```

8.4 Computação Quântica em Simulação de Materiais e Química

Um dos maiores benefícios da computação quântica é sua capacidade de simular sistemas quânticos complexos, como moléculas e materiais, de maneira mais precisa do que os métodos clássicos. Isso pode acelerar o desenvolvimento de novos medicamentos, materiais com propriedades específicas, e catalisadores para reações químicas.

O **Algoritmo de Simulação Quântica** pode resolver as equações de Schrödinger para sistemas moleculares com um número de átomos muito maior do que é possível em computadores clássicos.

Exemplo de Simulação Quântica de Moléculas:

```python
from qiskit import Aer
from qiskit.aqua.algorithms import Eigensolver
from qiskit.aqua.operators import Z, X
from qiskit.aqua import QuantumInstance

# Definindo o problema de simulação de molécula
operator = Z ^ X
eigensolver = Eigensolver(operator)

# Simulando o sistema molecular
quantum_instance = QuantumInstance(Aer.get_backend('statevector_simulator'))
result = eigensolver.run(quantum_instance)
print("Resultado da simulação:", result['eigenvalues'])
```

Exercícios Relacionados ao Capítulo 8

Exercício 8.1: Otimização de Função com VQE

1. Crie um problema de otimização usando o VQE e tente encontrar o mínimo de uma função quadrática simples.

2. Execute o circuito e compare os resultados com o método clássico de otimização.

Exercício 8.2: Criptografia Quântica

1. Implemente um protocolo simples de criptografia quântica usando o emaranhamento entre dois qubits.

2. Tente simular a chave gerada e discuta os desafios da criptografia quântica.

Exercício 8.3: Classificação Quântica de Dados

1. Crie um modelo de aprendizado de máquina simples para classificação quântica.

2. Treine o modelo em um conjunto de dados pequeno e compare os resultados com um classificador clássico.

Exercício 8.4: Simulação de Moléculas

1. Use a computação quântica para simular uma molécula simples, como o hidrogênio, e calcule sua energia fundamental.

2. Compare a precisão da simulação quântica com os métodos clássicos.

Capítulo 9: Desafios e Futuro da Computação Quântica

9.1 Desafios Técnicos da Computação Quântica

Embora a computação quântica tenha avançado significativamente, ela ainda enfrenta uma série de desafios técnicos. Alguns dos principais problemas incluem:

1. **Descoerência Quântica e Ruído**: A descoerência é um fenômeno no qual os estados quânticos perdem suas propriedades devido à interação com o ambiente externo. Isso pode levar à

perda de informações e à falha dos cálculos quânticos. Para resolver isso, técnicas como a correção de erros quânticos estão sendo desenvolvidas, mas ainda são limitadas.

2. **Escalabilidade**: Atualmente, os computadores quânticos estão limitados pelo número de qubits que podem ser manipulados. Embora já existam computadores quânticos com dezenas de qubits, a maioria das soluções práticas requer milhares, se não milhões, de qubits para serem efetivas.

3. **Controle Preciso de Qubits**: Para realizar operações quânticas complexas, é necessário um controle preciso sobre cada qubit, o que exige equipamentos extremamente sofisticados e caros. Qualquer erro no controle dos qubits pode comprometer todo o cálculo.

9.2 Tecnologias Emergentes em Computação Quântica

Apesar desses desafios, várias inovações estão sendo desenvolvidas para superar essas limitações:

1. **Qubits Supercondutores**: Muitos sistemas quânticos utilizam qubits supercondutores, que são baseados em circuitos feitos de materiais supercondutores. Esses qubits podem ser controlados com precisão e são altamente estáveis, mas requerem temperaturas extremamente baixas para funcionar.

2. **Qubits de Íons Aprisionados**: Outra abordagem utiliza íons carregados, que são aprisionados usando campos elétricos e manipulados com lasers. Essa tecnologia tem mostrado grande promessa devido à sua precisão.

3. **Correção de Erros Quânticos**: A correção de erros quânticos é fundamental para garantir a confiabilidade dos cálculos quânticos. Métodos como os **códigos de correção de erros quânticos** estão sendo desenvolvidos para lidar com os erros de qubits.

4. **Algoritmos Quânticos Variacionais**: Os algoritmos variacionais, como o VQE e o QAOA, podem ser mais robustos a erros e menos exigentes em termos de qubits.

Esses algoritmos são projetados para rodar em dispositivos quânticos ruidosos e são uma das principais áreas de pesquisa.

9.3 O Futuro da Computação Quântica

O futuro da computação quântica é extremamente promissor, e diversos especialistas acreditam que ela poderá transformar várias áreas da ciência e da tecnologia. Algumas das áreas mais promissoras incluem:

1. **Criptografia Pós-Quântica**: Com a chegada de computadores quânticos capazes de quebrar a criptografia clássica, os pesquisadores estão desenvolvendo novas formas de criptografia que seriam seguras contra ataques quânticos. Essa criptografia será essencial para garantir a segurança dos dados no futuro.

2. **Simulação de Sistemas Quânticos**: A computação quântica pode simular sistemas moleculares complexos, como reações químicas e a estrutura de novos materiais. Isso pode acelerar a descoberta de novos medicamentos,

materiais e até mesmo ajudar na pesquisa em energia limpa.

3. **Aprendizado de Máquina e Inteligência Artificial**: A computação quântica pode acelerar significativamente o treinamento de modelos de aprendizado de máquina. Isso pode resultar em sistemas mais inteligentes e eficientes para uma variedade de aplicativos, desde análise de dados até reconhecimento de padrões.

4. **Computação Quântica na Indústria**: Empresas em setores como logística, finanças e energia estão explorando como a computação quântica pode otimizar processos. Isso inclui melhorar o planejamento de rotas, otimizar carteiras de investimentos e desenvolver novos materiais para baterias e dispositivos eletrônicos.

9.4 O Papel dos Desenvolvedores e Cientistas Quânticos

O desenvolvimento da computação quântica não é apenas uma questão de hardware e infraestrutura, mas também de software e algoritmos. É fundamental que mais profissionais sejam treinados para lidar com a complexidade dos sistemas quânticos. Isso inclui:

1. **Programadores Quânticos**: Esses desenvolvedores criam algoritmos quânticos e programas que podem rodar em computadores quânticos. Linguagens como **Qiskit**, **Cirq** e **Forest** estão tornando mais fácil para os programadores escreverem código quântico.

2. **Pesquisadores em Algoritmos Quânticos**: Cientistas que desenvolvem novos algoritmos quânticos serão essenciais para desbloquear o potencial da computação quântica. Eles buscam novas maneiras de utilizar os recursos quânticos para resolver problemas mais rapidamente.

3. **Especialistas em Correção de Erros Quânticos**: A correção de erros é uma área de pesquisa intensa, e especialistas nessa área serão cruciais para tornar os computadores quânticos confiáveis o suficiente para uso prático.

Exercícios Relacionados ao Capítulo 9

Exercício 9.1: Descoerência Quântica

1. Pesquise e descreva como a descoerência afeta o desempenho de computadores quânticos em simulações complexas.

2. Explique o impacto da descoerência no algoritmo de Shor e como as técnicas de correção de erros podem mitigar esse problema.

Exercício 9.2: Tecnologias Emergentes

1. Escolha uma das tecnologias emergentes em computação quântica, como qubits supercondutores ou íons aprisionados, e descreva suas vantagens e desvantagens.

2. Discuta o futuro potencial dessa tecnologia para superar as limitações da computação quântica atual.

Exercício 9.3: Algoritmos Variacionais

1. Implemente um algoritmo variacional simples usando o VQE para otimizar uma função quadrática.

2. Compare os resultados obtidos com a abordagem clássica de otimização e analise as vantagens da computação quântica.

Exercício 9.4: Criptografia Pós-Quântica

1. Pesquise e explique o conceito de criptografia pós-quântica.

2. Analise como as futuras mudanças na criptografia podem impactar a segurança de dados em uma era de computadores quânticos.

1. Arquiteturas de Computação Quântica

A arquitetura dos computadores quânticos é um dos aspectos mais críticos para o desenvolvimento dessa tecnologia. A forma como os qubits são manipulados, controlados e entrelaçados define as capacidades e limitações de um computador quântico.

Arquiteturas mais comuns:

- **Qubits Supercondutores:** Utilizam circuitos supercondutores para criar qubits que podem ser controlados por micro-ondas. Esse tipo de qubit está entre os mais promissores, com grandes empresas como IBM e Google investindo nessa tecnologia. No entanto, eles exigem temperaturas extremamente baixas (próximas ao zero absoluto) para funcionar, o que torna a escalabilidade um desafio.

- **Íons Aprisionados:** Neste modelo, átomos individuais são carregados e aprisionados usando campos elétricos ou magnéticos. Os íons aprisionados podem ser manipulados usando lasers e são conhecidos pela alta fidelidade de operações, mas também exigem condições experimentais extremamente controladas.

- **Qubits de Fótons:** Usam a polarização ou a fase de partículas de luz (fótons) como estados quânticos. Essa arquitetura tem a vantagem de ser mais resistente à descoerência devido ao fato de que fótons podem viajar longas distâncias sem perder suas propriedades quânticas, tornando-a promissora para a computação quântica distribuída ou redes quânticas.

Desafios das Arquiteturas:

- **Temperatura e ambiente controlado:** As arquiteturas atuais de qubits exigem temperaturas extremamente baixas (como os qubits supercondutores) ou condições controladas de lasers e campos magnéticos (como os íons aprisionados).

- **Escalabilidade:** À medida que mais qubits são adicionados ao sistema, a complexidade do controle aumenta exponencialmente. Tornar os dispositivos escaláveis sem perda de fidelidade é um desafio central.

2. Algoritmos Quânticos Avançados

Embora já tenhamos discutido alguns algoritmos fundamentais, como o algoritmo de Shor e o de Grover, existem outras abordagens mais avançadas que podem ser vitais para o futuro da computação quântica. Esses algoritmos exploram as capacidades únicas da computação quântica, como a interferência e o entrelaçamento de qubits, para melhorar a eficiência em áreas específicas.

Algoritmos de Otimização Quântica Avançada:

- **Quantum Approximate Optimization Algorithm (QAOA):** Este algoritmo é projetado para resolver problemas de otimização combinatória em sistemas quânticos ruidosos (NISQ). Ele pode ser usado para melhorar a eficiência de processos em áreas como finanças, logística e design de circuitos.

- **Quantum Annealing:** Embora seja uma forma de otimização quântica, o quantum annealing é uma abordagem específica usada para minimizar funções de energia em sistemas complexos. Ele tem sido aplicado com sucesso em problemas como design de materiais e logística, e a D-Wave é uma empresa que desenvolve computadores quânticos baseados nesse conceito.

Algoritmos de Simulação Quântica:

- **Quantum Phase Estimation (QPE):** Este algoritmo é crucial para simular sistemas quânticos e obter informações sobre os estados de energia de um sistema quântico. Ele tem aplicações importantes em química quântica, especialmente para a simulação de moléculas e reações químicas.

- **Variational Quantum Eigensolver (VQE):** Usado para encontrar o valor próprio de um Hamiltoniano (um operador que descreve a energia de um sistema), o VQE é ideal para simulações moleculares e pode ser mais eficiente em sistemas com número limitado de qubits.

3. Correção de Erros Quânticos

A correção de erros quânticos é um campo essencial para o futuro da computação quântica. A natureza frágil dos qubits (sensíveis a pequenas flutuações do ambiente) leva a erros durante os cálculos, o que pode comprometer os resultados dos algoritmos.

Códigos de Correção de Erros Quânticos:

- **Códigos de Shor:** Um dos primeiros e mais importantes métodos para a correção de erros em qubits. Ele envolve o uso de mais de um qubit para codificar a informação de forma redundante e permitir a detecção e correção de erros.

- **Códigos de Steane:** Baseados em um sistema de código de redundância similar aos códigos de correção de erros clássicos, os códigos de Steane são mais eficientes em termos de número de qubits utilizados para a correção de erros.

- **Códigos de Surface:** Estes códigos têm se mostrado promissores para a implementação em grande escala, pois podem ser aplicados em plataformas quânticas de qubits supercondutores, por exemplo. Eles envolvem a organização de qubits em uma rede bidimensional e são altamente eficazes na detecção e correção de erros locais.

Problema dos Erros em Qubits:

- **Erros de decoerência:** A interação dos qubits com o ambiente pode causar a perda de informações, o que é um grande desafio. A correção de erros quânticos precisa ser altamente eficaz para garantir a confiabilidade dos cálculos quânticos.

- **Custo de implementação:** As técnicas de correção de erros quânticos exigem uma grande quantidade de qubits extras para realizar a codificação e a correção de erros, o que pode aumentar o custo computacional de um algoritmo quântico.

4. Computação Quântica Híbrida

Uma das abordagens mais práticas atualmente para enfrentar as limitações dos computadores quânticos é o uso de **computação quântica híbrida**, que combina o poder da computação clássica com o das máquinas quânticas. Em vez de confiar completamente em um computador quântico, as tarefas mais intensivas são realizadas no sistema clássico, enquanto o computador quântico é usado para acelerar partes específicas do processo.

Exemplo de Computação Quântica Híbrida:

- **VQE (Variational Quantum Eigensolver):** O VQE é um exemplo perfeito de computação híbrida, onde um algoritmo quântico é usado para calcular um valor de energia em um sistema quântico, enquanto um otimizador clássico ajusta os parâmetros do circuito quântico para encontrar a melhor solução.

Benefícios da Computação Híbrida:

- **Eficiência:** Permite que os sistemas quânticos lidem apenas com as partes mais complexas de um problema, enquanto o sistema clássico trata de tarefas mais simples e computacionalmente pesadas.

- **Acessibilidade:** Ao combinar os recursos dos sistemas clássicos e quânticos, a computação híbrida permite que problemas mais complexos sejam resolvidos com computadores quânticos ainda em estágio experimental, sem a necessidade de um sistema totalmente quântico funcional.

5. Computação Quântica e a Internet Quântica

Com o avanço da computação quântica, outra área que está ganhando destaque é a **internet quântica**. A ideia é usar as propriedades quânticas, como o entrelaçamento e a teletransporte quântico, para criar redes de comunicação seguras e extremamente rápidas.

Como funciona a Internet Quântica:

- **Transmissão de dados quânticos:** Utiliza qubits para transmitir informações entre computadores quânticos por meio de canais quânticos. A segurança seria garantida pelo fato de que qualquer tentativa de interceptar a informação destruiria o estado quântico e seria facilmente detectada.

- **Distribuição de chaves quânticas (QKD):** Um dos principais usos da internet quântica é a **distribuição de chaves quânticas**, que permite o envio de informações de forma segura. O protocolo **BB84**, desenvolvido por Charles Bennett e Gilles Brassard, é um exemplo clássico de como a criptografia quântica pode ser utilizada para garantir a segurança de dados.

Essas áreas avançadas oferecem uma perspectiva mais ampla e detalhada do futuro da computação quântica e das tecnologias que estão sendo desenvolvidas para superar os desafios atuais. Continuar a explorar essas questões será fundamental para entender os próximos passos no desenvolvimento da computação quântica.

1. Arquiteturas de Computação Quântica

As arquiteturas de computação quântica são fundamentais para determinar a eficiência, a escalabilidade e a viabilidade das operações em computadores quânticos. Vamos explorar as três arquiteturas principais com mais detalhes.

Qubits Supercondutores

Os qubits supercondutores são circuitos elétricos que exibem efeitos quânticos, como a superposição, a um custo muito mais baixo. Eles operam em temperaturas extremamente baixas e são usados por empresas como **IBM** e **Google**. Esses qubits são baseados no fenômeno de corrente supercondutora e podem ser controlados por sinais de micro-ondas.

- **Exemplo prático**: A plataforma **Qiskit** da IBM permite que você execute simulações de circuitos quânticos em qubits supercondutores.

```python
from qiskit import QuantumCircuit, Aer, execute

# Criação de um circuito quântico simples com um qubit
circuit = QuantumCircuit(1, 1)
circuit.h(0)  # Aplica a porta Hadamard, colocando o qubit em superposição
circuit.measure(0, 0)

# Simulador de backend
simulator = Aer.get_backend('qasm_simulator')

# Executar o circuito
job = execute(circuit, simulator, shots=1000)

# Obter resultados
result = job.result()
counts = result.get_counts(circuit)
print("Resultados: ", counts)
```

Qubits de Íons Aprisionados

Nos qubits de íons aprisionados, átomos individuais são carregados e aprisionados por campos eletromagnéticos. Esses íons podem ser manipulados por lasers para realizar operações quânticas.

- **Exemplo prático**: Embora você não possa simular diretamente os qubits de íons aprisionados em software, a plataforma **Cirq** do Google oferece ferramentas para simular esse tipo de sistema.

Qubits de Fótons

Qubits de fótons usam a polarização ou outras propriedades dos fótons para representar estados quânticos. A vantagem principal é que fótons podem viajar longas distâncias sem perder suas propriedades quânticas, o que é útil para redes quânticas.

- **Exemplo prático**: O **QKD** (Quantum Key Distribution) pode ser usado para criar redes de comunicação seguras usando fótons.

```
# Exemplo de como implementar um
protocolo básico de QKD (simplificado)
# Utilizando Qiskit e simulando as
operações de teletransporte quântico,
um dos exemplos para comunicação de
fótons
```

2. Algoritmos Quânticos Avançados

Vamos explorar dois algoritmos quânticos importantes que têm grande potencial para acelerar processos complexos: **Quantum Approximate Optimization Algorithm (QAOA)** e **Quantum Annealing**.

Quantum Approximate Optimization Algorithm (QAOA)

O QAOA é um algoritmo projetado para resolver problemas de otimização combinatória em sistemas quânticos ruidosos (NISQ). Ele é usado para minimizar uma função objetivo, e combina a capacidade dos qubits quânticos com algoritmos clássicos para encontrar soluções aproximadas para problemas complexos.

- **Exemplo prático**: Aqui, você verá como implementar um algoritmo básico de otimização usando o **Qiskit**.

```
from qiskit import Aer, QuantumCircuit
from qiskit.optimization import QuadraticProgram
from qiskit.optimization.algorithms import MinimumEigenOptimizer
from qiskit.aqua.algorithms import QAOA
from qiskit.aqua import QuantumInstance
```

```python
# Definindo um problema de otimização
quadrática simples
problem = QuadraticProgram()
problem.binary_var(name='x1')
problem.binary_var(name='x2')
problem.minimize(linear=[1, 2],
quadratic={(0, 1): 1})

# Configurar o algoritmo QAOA
qaoa = QAOA(optimizer='COBYLA')

# Rodar o QAOA no simulador
quantum_instance =
QuantumInstance(Aer.get_backend('statev
ector_simulator'))
optimizer = MinimumEigenOptimizer(qaoa)
result = optimizer.solve(problem)

print(f"Solução encontrada: {result}")
```

Quantum Annealing

O quantum annealing é uma técnica de otimização baseada na evolução do sistema quântico para encontrar o estado de menor energia, que corresponde à solução ótima do problema. Esse método é amplamente usado em empresas como **D-Wave**.

- **Exemplo prático**: A empresa **D-Wave** oferece um SDK para resolver problemas de otimização usando quantum annealing, mas simulações para o mesmo processo podem ser feitas em plataformas como o **Qiskit**.

3. Correção de Erros Quânticos

A correção de erros quânticos é crucial para a confiabilidade de computadores quânticos. Vamos ver alguns exemplos de códigos de correção de erros como o **Códigos de Shor** e **Códigos de Steane**.

Códigos de Shor

O **Código de Shor** é um dos primeiros e mais conhecidos métodos de correção de erros. Ele codifica um único qubit de dados em 9 qubits para detectar e corrigir erros.

- **Exemplo prático**: O **Qiskit** permite a simulação de correção de erros, mas a implementação do código de Shor é um pouco complexa. Para ilustrar, vamos ver um exemplo de correção de erros em um circuito simples.

```
from qiskit import QuantumCircuit
from qiskit.aqua import QuantumInstance
from qiskit.aqua.algorithms import QAOA

# Exemplo de correção de erro quântico
simples usando Qiskit (não
```

```
implementando código de Shor
diretamente)
# Apenas um exemplo de como os
circuitos quânticos podem ser ajustados
para detectar falhas
```

Códigos de Steane

Os **Códigos de Steane** são uma melhoria do código de Shor, usando 7 qubits para codificar 1 qubit de dados, oferecendo maior eficiência na correção de erros.

- **Exemplo prático**: Os códigos de Steane também são implementados em plataformas como **Qiskit** e **Cirq**, e são usados para garantir a precisão em circuitos quânticos de maior escala.

4. Computação Quântica Híbrida

A computação quântica híbrida envolve a combinação de sistemas clássicos e quânticos para resolver problemas complexos de forma mais eficiente. Vamos discutir como isso é feito.

Exemplo Prático de Computação Quântica Híbrida:

Como exemplo de computação híbrida, podemos usar o **VQE (Variational Quantum Eigensolver)**, que combina um algoritmo quântico e um otimizado clássico para encontrar a solução para um problema quântico de mínimos próprios.

```python
from qiskit.aqua.algorithms import VQE
from qiskit.aqua.components.optimizers import COBYLA
from qiskit import Aer
from qiskit.aqua import QuantumInstance
from qiskit.circuit.library import TwoLocal

# Definir o problema quântico (minimização da energia de uma molécula, por exemplo)
optimizer = COBYLA(maxiter=500)
var_form = TwoLocal(2, ['ry', 'rz'], 'cz', reps=3, entanglement='full')

# Rodar VQE com um backend simulador
quantum_instance = QuantumInstance(Aer.get_backend('statevector_simulator'))
vqe = VQE(var_form, optimizer, quantum_instance=quantum_instance)
result = vqe.compute_minimum_eigenvalue(operator)

print("Resultado do VQE:", result.eigenvalue)
```

5. Computação Quântica e Internet Quântica

A **internet quântica** utiliza as propriedades da física quântica, como o **entrelaçamento quântico** e o **teletransporte quântico**, para criar redes seguras e rápidas de comunicação.

Exemplo Prático de QKD (Distribuição de Chaves Quânticas):

Aqui, podemos simular uma transmissão quântica simples utilizando o protocolo **BB84**, o mais famoso protocolo de distribuição de chaves quânticas.

```
# Exemplo básico de QKD com Qiskit
(simplificado)
from qiskit import QuantumCircuit, Aer, execute

# Definindo o circuito quântico
circuit = QuantumCircuit(2, 2)
circuit.h(0)
circuit.measure([0,1], [0,1])

# Simulador
simulator = Aer.get_backend('qasm_simulator')
result = execute(circuit, simulator, shots=1024).result()
counts = result.get_counts(circuit)
```

```
print(f"Contagem de resultados de QKD: {counts}")
```

Esses exemplos e exercícios proporcionam uma base sólida para explorar a computação quântica de forma mais profunda e interativa.

Encerramento

Ao longo deste livro, nós navegamos juntos pelos conceitos e pela prática da computação quântica — uma área que está moldando o futuro da ciência e da tecnologia. Explorar os princípios fundamentais e as aplicações dessa revolucionária tecnologia é, sem dúvida, uma jornada fascinante. E agora, com o conhecimento que você adquiriu, você está pronto para não apenas compreender, mas também aplicar esses conceitos em suas próprias aventuras intelectuais e profissionais.

A computação quântica não é apenas uma disciplina técnica; ela representa uma mudança de paradigma que desafia a forma como vemos o mundo e, especialmente, o potencial das máquinas. Ao dominar essas ideias, você está se posicionando na vanguarda de um novo mundo digital — onde a velocidade, a precisão e a segurança alcançam níveis antes inimagináveis.

Eu espero que este livro tenha sido não apenas uma fonte de aprendizado, mas uma inspiração para que você continue a explorar, questionar e inovar. O conhecimento quântico é vasto e as possibilidades são infinitas. Eu estou convencido de que você tem agora as ferramentas para enfrentar os desafios e oportunidades dessa revolução tecnológica.

Agradecimento

Gostaria de expressar minha sincera gratidão a todos os leitores que se dedicaram a essa jornada. O caminho da descoberta nunca é fácil, mas é ao buscarmos compreender o incompreensível que alcançamos grandes conquistas. Se este livro contribuiu, mesmo que um pouco, para o seu desenvolvimento pessoal ou profissional, isso é uma recompensa imensurável para mim.

Agradeço também às pessoas que me apoiaram durante este processo — àqueles que, de alguma forma, contribuíram com suas ideias e seu entusiasmo para tornar este projeto uma realidade.

Por fim, agradeço a você, leitor. Seu interesse, sua curiosidade e sua dedicação ao aprendizado são as maiores forças que impulsionam o progresso. Que o conhecimento que você adquiriu aqui não apenas transforme sua compreensão da computação quântica, mas também inspire uma jornada contínua de descobertas. O futuro já está em movimento, e ele aguarda por pessoas como você.

Luciano Souza

Esse encerramento busca não apenas concluir a obra, mas também reforçar o impacto e a importância da computação quântica para o futuro, além de expressar um agradecimento sincero e motivador aos leitores.

www.ingramcontent.com/pod-product-compliance
Lightning Source LLC
Chambersburg PA
CBHW071056240526
45469CB00006BD/2323